A
L'ÉTERNEL

PARIS
IMPRIMERIE MOTTEROZ
31, RUE DU DRAGON, 31.
1876

À

L'ÉTERNEL

PARIS
IMPRIMERIE MOTTEROZ
31, RUE DU DRAGON, 31

1876

A L'ÉTERNEL

Mon Dieu! Père éternel, éclaire, inspire-moi;
Je voudrais faire un chant, non pas digne de toi;
Ce serait présumer de ma faible éloquence;
J'aurais honte en mon cœur de cette inconséquence.
Ma seule ambition serait de t'exprimer
Mon respect pour ta loi, mon bonheur à t'aimer!
Avant tout, procédons. Étant Israélite,
Je te remercîrai du noble nom d'élite
Dont tu glorifias Jacob, ton bien-aimé,
Qui mérita si bien d'être ainsi surnommé.
Que l'amour pour le bien en nous tous prédomine;
Que par l'élan du cœur, d'origine divine,
On distingue à jamais les enfants d'Israel,
Dont le Dieu s'appelle Un, le Dieu fort, l'Éternel,

I

Que ne te dois-je pas pour la faveur extrême
D'avoir eu pour parents l'honneur, la piété même;
Leur cœur donnait accès à toutes les vertus.
Gloire en est à l'Eden! moi je ne les ai plus!...
Que dis-je, hélas! Seigneur, pitié pour ma simplesse;
De mon cœur filial, c'est un cri de faiblesse,
Pardonne-moi, mon Dieu, si...... (Je ne puis respirer)
Je ne murmure pas, j'ai besoin de pleurer :
De mes parents chéris j'étais fille adorée;
Combien il m'était doux de m'en voir entourée!
O mon père! ô ma mère! ignorez ma douleur;
Ignorez mes chagrins, les regrets de mon cœur.
Quand je vais pour vous voir, je ne vois qu'une pierre
Raide et rude, un dur roc, froid comme une glacière;
Tout de vous m'est caché, jusqu'à vos ossements;
L'écho seul vient répondre à mes gémissements.
De tant d'affections, vérité manifeste,
Rien qu'un peu de poussière est tout ce qui me reste.
Cependant du Très-Haut respectons les décrets,
Le silence des morts, leurs tombeaux, leurs secrets.
Troubler certains sommeils serait ingratitude.
Goûtez bien, chers parents, votre béatitude.
Or merci, mon Seigneur, tes lois sont des bienfaits;
Soyons-y plus soumis, nous serons satisfaits.
Hâtons-nous, dans ce cas, bannissons nos alarmes;
Le Tout-Puissant un jour saura tarir nos larmes;

Il châtie en bon père, et fait tout pour le mieux
Le corps seul est mortel, l'âme habite les cieux.
Mais, hélas! je ne puis m'avouer assez sage
Pour marquer à mon gré mon terrestre passage.
Qu'il te plaise, ô mon Dieu, de diriger mes pas,
Que le fruit de la foi m'accompagne au trépas;
Qu'auprès de mes parents ta bonté paternelle
M'introduise et m'accorde une vie éternelle.
Que ce doux avenir, pour mon affection,
N'ait qu'un seul changement: la résurrection.
Salut, divin espoir, ravissante clôture;
Qu'est la vie ici-bas? La voie à la future.

II

Que ne te dois-je encor, mon Sauveur, mon abri,
Pour l'amour, le respect de mon digne mari.
Vingt-cinq ans de douleurs, de son âme stoïque
N'ont jamais altéré la douceur angélique.
Pour moi, rien ne lui coûte, et, s'effaçant toujours,
Il ne voit que mon mal, mes leçons et mes cours.
Considère, ô mon Dieu, son cœur, sa patience,
Et rends-lui la santé par ton omniscience.
Pour lui les médecins déploient tout leur savoir;
Mais, hélas! tout se borne aux essais par devoir.
Conserve-moi, mon Dieu, l'ami de ma jeunesse,
Un père à mes enfants, un bras à ma vieillesse.

III

Je ne te dois pas moins, Créateur éternel
Pour mes trois chers enfants, mon trésor maternel.
Ne m'as-tu pas bénie, ah ! mon céleste Père,
Quand tu m'as accordé le bonheur d'être mère ;
Oui, j'en ai tout l'espoir, si ta protection
Se joint, pour mes trois fils, à mon affection.
A toi seul, Éternel, appartient la puissance
De régler le destin, la mort ou la naissance,
De combler de bonheur, d'accabler de revers
Tout mortel, quel qu'il soit, dans ce vaste univers.
Or, pour mes chers enfants, permets que je t'implore ;
Tu m'as été gracieux, tu le seras encore.
Bénis-les ! bénis-les ! par la foi, la piété,
Par la santé, la paix, l'esprit de charité,
Par l'amour du prochain, l'amour de la patrie ;
Que l'honneur à leurs yeux soit plus cher que la vie !
Qu'ils recherchent Moïse et l'esprit de sa loi,
Et qu'ils meurent plutôt que de trahir leur foi !
Qu'en leur sort tout soit beau, comme un ciel sans nuage,
Que la sérénité leur advienne en partage !
Je voudrais, sur leurs fronts, rayonnant de plaisir,
Voir empreints ces doux mots : Dieu comble mes désirs.
Que leur bonheur soit vrai, constant, non éphémère,
Qu'en souriant j'expire en m'avouant leur mère.
Veuille exaucer mes vœux, Dieu vivant, Dieu jaloux,
Vois mes pleurs, mes sanglots, je suis à tes genoux ;
Accorde à mes enfants d'Abraham la sagesse,

De Salomon l'esprit, puis un peu de richesse ;
Non par cupidité ni pour moi, ni pour eux,
Nous aimons le travail; l'or ne rend pas heureux,
Excepté par l'emploi que nous pouvons en faire.
Ah! sur un tel sujet, je ne saurais me taire :
Oui, mon cœur est jaloux de ceux qui font le bien,
Quand je dois travailler pour mon pain quotidien,
Tantôt c'est un grand roi, puis une impératrice,
Un baron de Rothschild, toute main bienfaitrice,
Dont les nombreux bienfaits semblent dire à mon cœur ;
Nourris-toi de ton rêve, et fais-en ton bonheur!
Cet avis froid et sec est pourtant salutaire,
Suivons-le jusqu'à mieux, sans pour cela nous taire.
Or, sommeillons, rêvons, en plein jour et tout haut,
Et de tous ses décrets rendons grâce au Très-Haut.
Je te sais gré, mon Dieu, de mon sommeil, mon songe
Qui sait me fasciner en dépit du mensonge,
Que de fois, à mes yeux, par cette illusion,
Tout paraît concourir et faire allusion
A mes vœux les plus doux, au bonheur sans mélange,
De tous les malheureux, je deviens le bon ange :
Les vieillards, les enfants, la veuve et l'orphelin,
Les bébés dans la crèche, à l'air doux et câlin,
Sourds, muets, estropiés, aveugles et malades,
Écoliers, prisonniers, comme autant de peuplades,
Sont tous là, devant moi; mais pas tumultueux.
Tous bien disciplinés, des plus respectueux,
Par des larmes de joie ou par un doux sourire,
Chacun à sa façon, à mon cœur semble dire
Que j'adoucis sa vie et son état piteux,
Et le plus satisfait, c'est le pauvre honteux,

Ce bonheur stimulant ma douce rêverie,
Elle aspire à fonder contre la pénurie
Un bureau paternel où tous les travailleurs,
Quel que soit leur état, sans s'adresser ailleurs,
Trouveraient de l'emploi, d'après leur savoir-faire ;
S'y distinguant bientôt, ils sont à leur affaire.
Puis je vois surgissant dans mon rêve enchanteur
Des milliers de mortels bénis du Créateur.
On n'est plus étonné de voir des centenaires,
Des couples trisaïeuls sont des faits ordinaires.
Mais le plus surprenant, selon moi, le voici :
Ces vieillards sont tous verts, n'ayant d'autre souci
Qu'à leurs petits enfants narrer des faits d'histoire
Puisés avec esprit dans leur vaste mémoire,
Aimant par-dessus tout l'exacte vérité,
La disant avec tact et avec dignité.
Le jeune homme est sérieux, tout étant de son âge,
Le fils d'un ouvrier ou d'un grand personnage
Recherche la famille et pense à l'avenir,
Jouissant d'un bonheur qu'on ne peut définir.
Jeune encor, pour donner plus de charme à sa vie,
Il choisit pour moitié, dont son âme est ravie,
La femme aimable et riche en vertus, en candeur,
En talents de bon goût, mais sans air de grandeur ;
Chez elle on voit régner l'ordre et l'économie,
On voit la paix du cœur dans les traits d'Euphémie ;
Par son charmant sourire et sa distinction,
Son regard bienveillant et sa discrétion
Elle sait apaiser l'esprit le plus rebelle.
Cet ensemble charmant la rend gracieuse et belle.
Mais j'ai fait un grand pas, on va vite en rêvant :

Le succès nous anime et nous lance en avant,
Beaucoup plus qu'en ballon ou qu'en télégraphie,
L'on franchit tous les points de la géographie ;
Des siècles tout entiers se déroulent aux yeux,
On voit tous ses enfants sans perdre ses aïeux,
Tout paraît par instant, soit miracle ou merveille.
Malgré tout cet attrait il faut que je m'éveille.
Retournons sans regrets vers l'humble vérité,
Et d'après nos moyens servons l'humanité.
Le Très-Haut, dans les cœurs sait pénétrer et lire ;
C'est à lui d'éprouver, d'élever, ou d'élire.
Quel que soit cet arrêt, je l'accepte en disant :
Béni soit le Seigneur, dont tout est bienfaisant.
Quant aux biens d'ici-bas, qui peut les emporter ?
Souvent, sans en jouir, nous devons les quitter ;
Je ne manque de rien ; si ma part est modeste,
J'en eus moins en naissant, et j'en aurai de reste.
Merci pour ma santé, pour mon travail, mon pain,
Mes habits, mon logis ; tout me vient de ta main.

IV

Merci pour mes deux yeux, admirant la lumière,
Que d'un sombre chaos tu créas la première.
Quand je vois ton soleil parcourant l'univers,
D'un seul trait réchauffant et la terre et les mers,
Je m'incline humblement, me disant à moi-même :
Qu'il est grand, le Seigneur, le Créateur suprême !

V

Merci pour la parole, humble et fière à la fois,
Don précieux et prisé des bergers et des rois.
Par son heureux secours, même sans éloquence,
De plus d'un condamné nous prouva l'innocence ;
Faisant passer ainsi du plus grand désespoir,
Au bonheur de renaître, et d'oser se revoir !
Le rappelant du bagne, on le rend à la vie,
Qui serait un fardeau, du sceau d'ignominie.
La parole, en priant, ennoblit notre cœur,
L'inspirant de respect, d'une sainte ferveur,
Surtout en répétant ces mots du grand Moïse ;
Viens, écoute, Israël, voici notre devise ;
L'Éternel notre Dieu, Seul, est Un, sans aïeux ;
Qu'il soit béni le nom de son règne glorieux !
Proclamons tous en chœur la vérité profonde :
L'Unité de ce Dieu dans l'un et l'autre monde,

VI

Merci pour mon ouïe, autre charme, autre attrait,
Dont je vais essayer de tracer le portrait :
Un soir, en Italie, où la nature entière,
M'invitait à dormir, j'achevai ma prière
Et fus me reposer. Dormant profondément
De mon premier sommeil, un léger bruissement,
Provenant d'un papier, vint frapper mon oreille,

Écoutant tout dormant, le bruit croît, je m'éveille.
C'étaient des cris affreux. Je saute en bas du lit,
Ne sachant que penser, recueillant mon esprit,
Quand soudain l'on s'écrie : Il me faut cette lettre,
Tu mourras! disait-on, ou viens me la remettre.
Morro, maledetta! ma non te la daro.
Par le son de la voix je reconnus Pietro;
Volant vite au combat, je vois leur frénésie,
Le sang coulait à flots, fruit de la jalousie.
Arrêtez, mes amis! nous avons toujours tort
D'en vouloir à nos jours, de nous donner la mort.
Remettez vos débats au moins jusqu'à l'aurore,
Qui peut vous empêcher d'y revenir encore.
Nina, venez chez moi, venez, pour cette nuit,
Et vous aussi, Pietro; partons tous trois sans bruit.
La nuit porta conseil, combien j'en fus ravie;
A deux jeunes époux, cela sauva la vie (1).
Si je n'eusse entendu le bruit dudit papier,
Ce couple serait mort, sans merci, ni quartier.

VII

Merci pour l'odorat, sens utile, agréable,
Ami des plus zélés, dans un cas effroyable.
Je me rappelle un soir, ou plutôt un matin,
Le jour apparaissait, quand par ce sens divin
Je m'éveille en sursaut, j'étais froide et tremblante,
Je sentis une odeur nullement rassurante.

(1) Domestiques de la maison.

Je m'assieds dans mon lit, réfléchissant un peu :
Jetant un cri d'alarme : Au feu ! debout, au feu !
Dans mon anxiété, j'ouvris porte et fenêtre
Criant comme une folle enchaînée à Bicêtre.
Ma voix si lamentable éveilla mon mari.
— Qu'est-il donc arrivé ? dis-moi, pourquoi ce cri ?
— Je sens le feu, le feu ! — Calme-toi, chère amie,
Car moi, je ne sens rien, tu rêvais incendie ;
Souvent notre sommeil, d'une sombre vapeur,
Nous dépeint tout en noir, et nous saisit de peur.
Cependant je me mets de suite à ton service,
Courons haut, courons bas, du grenier à l'office.
Sitôt dit, sitôt fait, nous parcourons les lieux.
Nous trouvons le commis, dormant on ne peut mieux,
Quoique son lit brûlât, que sa main fût meurtrie
Son sommeil ressemblait à de la léthargie.
Nous l'enlevons soudain, il était tout noirci.
Dieu permit qu'il vécût ; j'eus peur, j'eus du souci ;
Quand je pense à cet homme, en moi mon cœur se navre.
Sans mon bon odorat, il était un cadavre.

VIII

Merci pour le toucher. Cet admirable tact
Avec tous les objets sait se mettre en contact.
On en parle fort peu. Pourtant est-il un être,
Dans l'univers entier, qui n'en sente un bien-être ?
L'innocent nourrisson, de sa petite main,
Bien avant de téter, vient caresser le sein.
Du vieillard en mourant, si la voix est éteinte,

Pour un dernier adieu, la main donne une étreinte.
Le malheureux aveugle, aidé de son bâton,
Un petit Savoyard, ou bien un grand Newton,
L'apprenti chaudronnier, l'égayant virtuose,
Titien et ses pinceaux, Vitruve grandiose,
Chacun d'eux a sa part au bonheur du toucher.
Pourquoi donc ce mutisme? on paraît le cacher;
Moi, je sais te connaître, et te rendrai justice.
Le Sabbat, dans mon temple où je vais à l'office,
Je vois avec plaisir, chacun d'après sa foi,
S'empressant à toucher les Tables de la Loi.
Quand un démon jaloux vient souffler la discorde,
Le toucher, main en main, rétablit la concorde.
L'étranger à Paris, comme à Jérusalem,
Est souvent très-flatté d'un *scholom alèchem*.
Parmi les médecins, le toucher favorable
A plus d'un moribond, à tout œil incurable,
A su sauver la vie, en lui donnant des soins,
Et souvent au moment qu'on espérait le moins.
La nature en ce cas, comme une autre évidence,
Du besoin du toucher lui légua l'abondance;
Par ordre du Très-Haut, ce qui nous rend adroits,
Au bout de chaque main, sut nous fixer cinq doigts.

IX

Merci, mon Dieu, du goût que tout mon être éprouve
Au bien, au bon, au beau. Ce bienfait seul me prouve
Plus que les autres sens, ton appui paternel,
Or, de cœur, je t'en voue un amour éternel.

Sans nul goût je verrais, mais que pourrais-je apprendre?
Sans nul goût, l'on entend, mais juger, mais comprendre?
Sans le goût, l'odorat serait bien moins exact;
Sans nul goût, que serait le toucher et le tact?
Béni soit donc le goût, qui par son influence
Nous guérit du défaut de froide indifférence.

X

Merci pour la pensée, autre don opulent,
De l'esprit des mortels le premier stimulant.
Elle enseigne aux plus grands ta Majesté suprême,
A nous tous, ici-bas, notre faiblesse extrême.
Libre attribut de l'homme, ai-je bien réfléchi,
Toi, défiant les fers, de tous temps affranchi,
Toi, présidant à tout, vaste, incommensurable.
Sœur de la conscience, à jamais indomptable.
Ai-je bien réfléchi, selon tout mon devoir,
D'avoir tant différé de chanter ton pouvoir?
Non, non, rien, avant toi, de sensé, n'a pu naître;
J'ai commis une erreur, je sais la reconnaître.
Le regrettant beaucoup, j'en demande pardon,
A cet insaisissable, à ce merveilleux don.
Promettant désormais d'être plus attentive,
Et, le Seigneur aidant, je serai moins fautive.

XI

Fidèle à ma promesse ainsi qu'à mon désir,
Je reprends mon travail des instants de loisir,

Et c'est à la pensée, ô don par excellence,
Que je viens, tout d'abord, marquer ma déférence.
A toi tous les honneurs, ton appui bienveillant
Confère à tous les dons, et l'âme et le brillant.
Ton pouvoir dans l'esprit toujours se renouvelle,
Et tout en vieillissant, tu parais jeune et belle!
Deux fois merci, mon Dieu, pour m'avoir accordé
Un brin de ce bienfait par nous tous demandé.
Tâchons de profiter de ce bel avantage.
Hâtons-nous, le temps fuit, et la mort n'a pas d'âge,
D'une seconde à l'autre elle peut nous appeler
Au dernier jugement sans droit de rappeler.
Dans ce cas, prions Dieu qu'en sa bonté suprême
Il montre le péché dans sa laideur extrême.
On serait plus fervent si ce n'était l'erreur,
Veuille donc, Tout-Puissant, éclairer le pécheur;
Qu'on ait honte du crime et de toute injustice,
Qu'un cœur droit, comme un juge, en nous tous fasse office;
Que je voie, ô Seigneur, par ce miracle heureux,
Bénis non-seulement tes élus : les Hébreux,
Mais encor tous mortels de toutes les croyances.
Toi seul, Seigneur, tu peux scruter les consciences;
Nous voyons les dehors, toi, les replis du cœur,
A toi, la vérité; mais à nous, rien qu'erreur.
Tout le monde aujourd'hui d'un Dieu comprend l'idée,
C'est un grand point déjà sur la brute et l'athée.
Et qu'un de ces derniers soit sur son lit de mort
Il n'a plus qu'un regret, d'avoir fait l'esprit fort.
De plus, ne voit-on pas le divin Décalogue,
Don précieux, fait à nous, à notre Synagogue,
Orner tout l'univers, toutes ces régions

Faisant le point d'appui de ces religions.
Quant aux infractions qu'on se permit d'y faire,
Que te dire, ô mon Dieu, c'est encor ton affaire.
Tu sais bien mieux que nous ce que contient ta loi,
Que l'homme est fait d'argile, et qu'il est faible en soi.
Par ta bonté, Seigneur, par ta bonté céleste,
Inscris tous nos bienfaits, et pardonne le reste.
Quant à moi, je te voue et mon cœur et ma foi,
Proclamant hautement qu'il n'est de Dieu que toi.
Ta sublime unité se prouve à l'évidence,
Par tes œuvres, ta loi, par ta toute-puissance.
Être unique, incréé, de tous le créateur,
Tu fis le monde entier, sans collaborateur.
Tu fus de tous les temps la Majesté suprême,
Et tu la maintiendras à l'éternité même;
Or, à toi la prière, à toi seul tous les vœux
De nous tous tes enfants, plus ou moins malheureux :
L'un n'a pas de santé, plus rien ne lui fait fête,
N'aspirant qu'à son lit, seul support de sa tête.
L'autre est robuste et fort, sans être plus content,
Contre tant de revers il est toujours luttant.
Ici, ce sont les pleurs d'une veuve isolée,
Qui, de son digne époux, va voir le mausolée.
Un sort aussi cruel vient frapper un mari,
Et combien de parents, en leur enfant chéri!
Là, c'est un orphelin, et de père et de mère,
Qui, malgré bien des soins, a l'existence amère.
Qui, par un doux regard, l'admire en son sommeil?
Qui lui tendra les bras, même avant son réveil?
Il ne connaîtra pas cette sollicitude,
Dont l'amour maternel approfondit l'étude.

Avec tant de douleurs, avec tant de revers,
Que nous voyons sévir en ce vaste univers,
L'homme arrive en aveugle à cette indifférence,
Qui le tient en suspens, presque sans préférence.
A de pareils malheurs comment porter secours?
Est-ce au jeune, est-ce au vieux, qu'il faut avoir recours?
Cet état maladif, compromettant notre âme,
Invite à la pitié, quoiqu'il ait notre blâme.
Qu'un fou commette un crime, en sera-t-il puni !
Cependant contre lui chacun est prémuni.
C'est donc le médecin, à qui rien ne résiste,
Que je viens implorer, afin qu'il nous assiste :
Mon Dieu, le cœur contrit, tremblant, rempli d'effroi,
Mon esprit abattu, tout mon être en émoi,
Je viens faire un appel à ta miséricorde.
Puissé-je avec succès, oui, toucher cette corde !
Un mal grave et croissant sévit en nos cités,
En dépit des bons soins de nos célébrités.
De tous côtés on pleure, on crie, on se désole,
Puis en désespérés, on se fuit, on s'isole!
Comptant sur ton appui pour la sincérité,
Prosternée à tes pieds, voici la vérité:
Le mal est dans l'esprit près de la conscience,
On ne peut espérer qu'en ta toute science.
Ne me repousse pas, ah! prends pitié de moi!
Pour l'honneur de ton nom, pour l'amour de ta loi!
Que le pécheur te touche à dater de cette heure
Puisque, dans ta bonté, tu ne veux pas qu'il meure!
Grâce! grâce, ô mon Dieu! viens, laisse-toi fléchir,
Un tel mal sans remède est bien pis que mourir!
Du haut de tes parvis, verse-nous des lumières,

Que les erreurs du jour soient ainsi les dernières.
Que l'élan de mon cœur, ma prière et mes vœux,
Dans leur simplicité soient tels que tu les veux.
Ce beau jour serait bien le plus beau de ma vie,
Par avance déjà mon âme en est ravie!
Jeune et vieux accouraient se presser en avant,
De ce bienfait exquis, te louer, Dieu vivant!
L'un serait en extase, en voyant ce miracle ;
Un autre aurait le don d'en parler en oracle ;
Quelques-uns, dans le feu de leur narration,
Remonteraient au temps de la création ;
Avec calme et respect on prêterait l'oreille,
Et l'orateur, allant de merveille en merveille,
Arriverait joyeux au saint jour du Sabbat,
Pour le repos duquel cesserait tout débat.
Nous irions au temple en ce jour solennel
D'un cœur pur et fervent saluer l'Éternel.
On le remercîrait des biens de la semaine
Et du prompt changement de la faiblesse humaine.
On comprendrait alors cette véracité,
D'appeler le Sabbat jour de félicité:
Les fruits en sont au cœur, et à l'intelligence,
Par l'esprit de la loi dont l'étude est d'urgence.
Nos instants de loisir seraient des plus heureux
En plaisirs de famille, à voir les souffreteux.
Il en serait de même à chaque jour de fête,
Gaîté, bonheur pour tous seraient partout en tête.
C'est ainsi que le veut la loi de l'Éternel,
Loi de cœur, de justice et d'amour paternel.
Cette loi de bienfaits et de délicatesse
Est un baume aux humains bannissant la tristesse.

Où gaîment l'on travaille, où la nuit on repose.
Bonne école primaire, où filles et garçons
Ont de bons professeurs, pour toutes leurs leçons ;
Ecole de travail, école industrielle,
Ecole de commerce, ou professionnelle,
Ecole de dessin, des arts et des métiers.
On y court tout joyeux, des plus distants quartiers.
Tout est encouragé : sciences et peinture,
Tout, sans exception, y compris la sculpture.
Une autre charité : le paîment des loyers,
Pour que les malheureux, de leurs humbles foyers,
D'être congédiés n'aient nulle inquiétude ;
Car tout cela s'opère avec exactitude.
On avance des fonds aux humbles commerçants,
Et, petit à petit, on les voit florissants.
On concourt en tous points aux succès des familles ;
On place les garçons, et l'on dote les filles.
Certains, mal partagés, ont un don mensuel,
Du chauffage en hiver d'un principe usuel.
Pour un mal imprévu réclamant assistance,
Les cœurs sont agissants, selon la circonstance.
Et le bien que l'on fait, sous le sceau du secret
Quand même on le saurait, on doit être discret ;
L'œuvre n'est pas moins là, n'est pas moins profitable ;
Elle est plus délicate, or, bien plus charitable.
Et combien d'autres traits tout aussi délicats,
S'ils étaient mis au jour, serviraient d'avocats.
Un bon cœur à chacun veut être favorable,
C'est l'amour du prochain, quoi de plus honorable !
Le cœur, par son pouvoir sur les autres vertus,
Mérite avec raison maints éloges de plus.

XII

Mon Dieu, c'est encore moi, voudras-tu m'excuser,
Je n'avais pas fini, car j'ai l'air d'accuser
Mes frères, tes enfants, que je tiens à défendre,
Et par la vérité, sans pouvoir s'y méprendre.
J'ai cité leurs défauts mais non leurs qualités;
Il faut, en pareil cas, les deux réalités.
C'est pourquoi je te prie instamment de m'entendre,
Quoique je sache bien n'avoir rien à t'apprendre.
Tu connais tous nos faits, mais permets qu'en faveur
De nous, faibles mortels, je dise un mot du cœur,
De ses élans gracieux, bienfaisants, salutaires,
Fruit d'un profond respect des lois humanitaires :
De pays en pays l'on se prête la main,
C'est à qui prouvera le cœur le plus humain.
Mais restons à Paris, lieu de ma résidence,
Cela nous suffira, pour donner l'évidence
De la grandeur du cœur, et de la charité
Qui s'accroît et devient une fraternité.
Oui, le cœur est très-bon, mais bon à toute épreuve.
En voici quelques traits, pour en donner la preuve :
De nombreux hôpitaux, des maisons de vieillards,
Ces derniers, gros et gras, même les béquillards ;
Femme en couche, bébés visités à la ronde
Sont, sous tous les rapports, soignés au mieux du monde;
Asile avec jardin, préau, vaste et carré;
Classe pour cent enfants, le tout bien aéré ;
Nouvel orphelinat, spacieux, grandiose,

Quels que soient nos chagrins, nos douleurs, nos revers,
Départis par le sort, ou dus à nos travers,
Cette loi vient encor fortifier notre âme
Contre l'indifférence, ou l'orgueil, ou le blâme;
En dessillant nos yeux elle ennoblit nos cœurs,
Et de nos passions nous devenons vainqueurs.
L'esprit de cette loi droit au bien nous convie,
C'est le puits de science et l'arbre de la vie.
Le fond de cette loi de salut éternel,
C'est l'amour du prochain ou l'amour fraternel.
Cet amour bien senti mettrait tout homme à même
De chérir son prochain comme un second soi-même.
Quel tableau ravissant, aspect délicieux!
Ici-bas changerait en un séjour des cieux!
On pourvoirait au mieux la veuve et l'orphelin,
L'estropié de tout âge et l'homme à son déclin;
L'étranger parmi nous se croirait en famille,
Qu'il soit tout couvert d'or, ou bien d'une mandille;
Fût-il notre ennemi, pour lui tendre la main,
On n'en remettrait pas le soin au lendemain.
Ainsi la charité de tout Israélite,
Prouverait qu'il descend du vrai peuple d'élite.
Mais que font ma pensée et ma description
Si le Très-Haut n'y joint sa bénédiction!
Or, mon Dieu, je reviens à mon humble prière,
Qui, pour moi, fait mon tout, ma volonté dernière;
Oui, fussé-je à la mort, à mon dernier soupir,
Mes regards chercheraient encore à te fléchir;
Exauce donc mes vœux pour tous, tant que nous sommes,
Que ton flambeau divin soit le mentor des hommes!

Il ne calcule pas, il dépasse la dîme,
Permets-moi d'affirmer, qu'il est grand, magnanime.
Je pourrais, sans tarir, parler de charité,
Mais je dois ménager ta longanimité.
Que ton œil pénétrant, que ton savoir céleste,
Des replis de nos cœurs découvrent tout le reste ;
Que ton amour, ta loi, s'en trouvent satisfaits,
Et que nous soyons tous dignes de tes bienfaits !
Comptant sur ta bonté, sur ta noble clémence,
Sur ton cœur paternel, sur ton amour immense,
Je me sens tout émue, et voudrais t'exprimer
Tout ce que je te dois, sans chercher à primer ;
Mais mon faible talent se borne à l'assurance
De mon profond respect, de ma reconnaissance
Et de mon dévoûment, dont j'annonce le cours,
Imprimé dans mon cœur, à jamais, pour toujours.
Tout mon être est ravi, tout paraît lui sourire,
Par l'espoir qu'à mes vœux tu voudras bien souscrire.
Oui, tu pardonneras des humains toute erreur,
Tout écart de l'esprit, en vertu de leur cœur.

F. HENRY

Paris. — Imprimerie Motteroz, 31, rue du Dragon.

www.ingramcontent.com/pod-product-compliance
Lightning Source LLC
LaVergne TN
LVHW010257230826
846091LV00007B/3022

* 9 7 8 2 0 1 9 9 1 1 1 1 9 *